1

Plötsligt blir allt stilla

Kerstin Breitholtz

Plötsligt blir allt stilla

29 Mariadikter

Plötsligt blir allt stilla. 29 Mariadikter
© Kerstin Breitholtz 2017-2018
Times New Roman
ISBN 978-91-7699-841-0
Förlag: BoD - Books on Demand, Stockholm, Sverige
Tryck: BoD – Books on Demand, Norderstedt, Tyskland

I dina ögon

I dina ögon skimrar hemligheten
I dina händer finns ljuset
I din kropp växer livet
Det ovissa
Det trosvissa

Maria

Har du stannat till framför skyltfönstren
och där i det blänkande glaset
mött din egen spegelbild?

Har du bakom ditt ansiktes konturer
skymtat formen av ett annat kvinnoansikte,
ett som inte är ditt?

Har du sett det och undrat vem det är?

Har du tänkt att detta ansikte kan vara
alla andra kvinnors ansikten, eller?

Du vet det inte,
men du fångas av gåtfullheten hos detta
ansikte.

De tankfulla ögonen,
munnens linjer.

Du tänkte att det var detta ansikte
som ängeln Gabriel mötte,
när han frågade ...

En armbåge stöter till din kropp,
du rycks upp ur dina tankar
medan någon ropar ditt namn,
"Maria, Maria!"

Hemligheten

Jag vet din hemlighet, Maria.
Den finns där som ett tunt höstlöv
mellan oss.
Ett höstlöv klistrat mot nattens asfalt.

Jag vet din hemlighet, Maria.
Den finns där i dina ögon,
i munnens linjer,
i dina händer,
som du håller mot ditt hjärta.

Jag vet din hemlighet, Maria.
Dagen blir till natt.
Hjärtats sår och munnens skri
tystas av en kyss.

Jag vet din hemlighet, Maria.
Denna hemlighet som bara är din.

Marias bön

Jag önskar att det barn jag bär,
lär mig vad kärlek är.

Plötsligt blir allt stilla

Maria!
Skynda inte så fort genom världen!
Stanna till!

Men du springer med barnet
hårt tryckt mot din kropp.

Du vet att tillvaron är farlig.
Du vill skydda ditt barn mot faran.
Den finns där i korset av trä.

Du vill skydda livet,
gudslivet, som vilar i din famn.
Det är där tilliten finns,
i barnets ansikte.

Du stannar och andas in
doften av barnet,
gudsbarnets hud.

Plötsligt blir allt stilla.

Skuggan

Maria,
Din skugga anas i vattenpölarnas blänk.

Dina händer plockar liljorna
De växande
De vita

Din gång är tyst.
Du går så lätt över gräset.
Att inte ens änglarna hör dig,
När du kommer fram till krubban
Och ser ned på barnet.

Din son.
Guds son

Som så många kommer att hata
Eller älska.

Det heliga

Älskade,
det gäller att kunna se
det sköna,
det spröda i livet.
Det som är skört
kan i vissa ögonblick vara oroväckande
starkt.

Älskade,

det gäller att kunna se

linjespelet i din hand,

solskuggan som vilar en rosenstund över

ostkupan,

och därunder finns i gips,

den heliga familjen.

Maria med sin hemlighet,

barnet vilande i krubban,

Josef begrundande sitt öde,

djuren lyssnande till änglasången.

Allt finns där bevarat i ett andetag,

Älskade,
det gäller att kunna se
och våga uppleva de sköna skatterna i livet
som är leran, färgen, orden, tonerna.

Älskade,
det gäller att kunna se
det sköna i livet,
det är då vi kan ana en glimt
av det heliga,

av Gud.

Blommorna sover

Blommorna sover under vintertäcket.
Mörkret faller som ett hårsvall
ned utanför fönstret.
Natten blir en melodi om ömhet.
Maria går barfota över trägolvet i
lägenheten.
Hon låter sin mun vidröra
sonens lena hår.
Han sover,
han är ett änglaljus i hennes famn.

Blommorna sover under vintertäcket.
Maria drar ett djupt andetag,
inför den svindlande insikten,
det är Gud själv som hon bär i sina armar.

Julens hemlighet

Det är det här som julen handlar om.
En kvinna går med ett barn i sin famn.
Hennes ögon har ett himmelskt djup.
Hon frågar

"ÄLSKAR DU MIN SON?"

Om du svarar ja på frågan,
då vet du vad julen handlar om.

Såra inte min son!

Han är så liten, så värnlös.
Mina starka armar bär honom
över livets svarta hål.
Såra inte min son!

Han sover i min famn.
Han vet ingenting om sin framtid.
Mina hjärtslag gör honom lugn.
Såra inte min son!

Han är bara min, så liten så hjälplös.
Mina händer vill skydda honom
mot den framtid som finns där,
som ett löfte, ett sår.
En kärlek som övervinner allt.
Såra inte min son!

Maria ler

Maria ler.
Sonen gråter.

Maria torkar golv.
Sonen gråter.

Maria plockar blommor.
Sonen gråter.

Maria är så trött.
Hon gråter.
Sonen ler.

Maria i vår tid

Tyst, tyst på bara fötter går Maria
förbi kyrkan,
där de troende är.
Men de ser henne inte.

Tyst, tyst på bara fötter går Maria
förbi parken,
där de hemlösa samlas.
Men de ser henne inte.

Tyst, tyst på bara fötter går Maria
förbi dagiset,
där barnen är.
De avbryter sin lek.
De ser henne och barnet hon bär,
och strålglansen runt de två,
får barnen att längta efter det heliga,
det som bara är.

Den unga, den gamla

Maria, den unga, den gamla.
Är hon allas kvinnor?
Jag vet inte,
feministerna i dagens Sverige talar inte om
henne,
men hon finns i alla de mödrar som
betraktar
sina barn.
En gång hade Maria samma blick,
när den vilade på hennes barn, Guds son.

Maria, den unga, den gamla.

Hennes smärta när sonen dör,

delas av de mödrar som förlorar sina barn.

Maria, den unga, den gamla.

Himladrottningen.

Hör du min röst Maria?

Vi behöver ditt mod i denna krassa tid.

Maria, den unga, den gamla.

Främlingen

Någonstans ute i markerna sorlar
och porlar det,
ett namn springer fram:

Maria.

Hon är inte som du.
Hon är inte som jag.

Hon är en främling med ett ansikte,
som inte är vårt.
Hennes ögon är sorgsna.
Vecken i hennes ansikte får mig att tänka
på en skrynklig klänning.
Hennes mun ler så sällan.
Men en gång log hon.

Någonstans ute i markerna sorlar och
porlar det,
ett namn springer fram:

Maria.

Myndigheterna

Mitt namn är Maria.
Jag är inte Bibelns Maria.
Min sons födelse är ingen jungfrufödelse.
Jag är ensam med barnet i min famn.
Min sons pappa är en mördare,
så vi passar inte in i Guds rike.

Vi passar inte in någonstans.
Men jag har en trea med vatten
och elektricitet.
Vi har det så bra, så bra.

Men det jag fruktar,
är att de ska ta min son ifrån mig.
Han är det enda goda som jag har kvar.

Här står jag!

Här står jag!
En ensam Maria i vår tid,
med ett barn, en pojke och en man
som stack.

Mina anletsdrag har blivit hårda,
Jag är bestämd, inte förförisk.
På mornarna när klockan är sju,
och vinterljuset gulnar till en ny blåsig dag
och pojken gnäller,
då är jag bestämd,
inte glittrande glad.

Här står jag!
Barn och heltidsarbete tar all min tid.
Jag är så trött.

Var är Gud i allt detta?

Tvätt, matlagning, jobb, karriär,
hämta och lämna på dagis,
Jag hinner inte vila.
Jag är så trött.

Var är Gud i allt detta?

Här står jag!
Verklighetens Maria som gillar
feministiska initiativ.

Vi kvinnor måste kämpa,
vi kvinnor måste hålla ihop.

Här står jag!
Med ett barn, en pojke
som jag älskar,
men som jag aldrig hinner vara med.

Här står jag!
Bestämd,
inte mild,
trött
men effektiv.

Här står jag!

Skilda vägar

En dag måste han lämna dig, Maria.
En dag måste han gå sin egen väg.
Du både vill
och inte vill
att han ska leva sitt eget liv.

Du anar lidandets skugga
som finns där som en påminnelse
om död, evigt liv.

Du viskar hans namn
men han hör dig inte.
Du viskar hans namn
men han vänder sig inte om
Han är ung och stark.
Hans rygg är det du ser.
Han går och hans vänner följer honom,
de som fängslas av hans ord, hans sätt.
Ibland kan han bli nästan fientlig mot dig.
Ibland ser han dig
sådan du är, Maria.

Du viskar hans namn
högre denna gång
och då vänder han sig om,
han ger dig ett leende du aldrig glömmer.
Han är fri,
fångad av Guds ande
Han är den han är.
Du anar framtiden
som en tyngd, en börda,
du inte kan slippa ifrån.

Du är mor till Guds son.

Korset

Korset står där, Maria.
Titta inte på det,
låt det vara!

Dina händer klarar inte av
att bära någonting.
Dina händer ligger i ditt sköte,
rotlösa, avhuggna.
De bara vilar där.
Du förstår inte längre vad det är
som händer.
Du vet bara att du
saknar din son.

Nedtagningen från korset

Minns du, Maria, när Sonen låg i din famn,
varm och snusande.
Du ammade honom.
Du strök honom över håret
medan han åt.
Du mötte hans blick
och hela denna stund
var fylld
av blodfullt liv.

Och nu i den ekande tystnaden,
när tomheten och saknaden
ristar sina fina streck i din hud,
då finns alla frågorna där utan något svar.

Du sade ja till att föda Guds son.
Nu, efter nedtagningen från korset,
vilar han i din famn,
död,
kall.

Dina händer håller i honom.
Han vilar i din famn.
En vuxen död man.
Din Son.
Guds Son.

Du orkar inte förstå.
Allt är så svårt.
Sorgen,
så tung att vara i.

Du minns.
Du sörjer.

Och Guds himmel är tyst.

Marias smärta

Om jag bara blundar
så finns leendet kvar,
leendet och alla minnen.
Vissa dagar är skuggorna
från sorgens kors svarta,
andra dagar ljusa.

Det finns så mycket som jag saknar,
men ändå,
ibland
i den guldfärgade gryningen
minns jag leendet,
ditt leende,
och kärlekens solljus,
som du strödde ut över alla du mötte,
du min älskade son.

Minns du?

Minns du Maria, kvinnorna vid graven?
De som mötte änglarna,
och när de fick höra sanningen,
var det för dem som att bära en glasskål
fylld av kärlekens ljus.

Minns du Maria Magdalena,
som mötte Mästaren,
din son efter uppståndelsen,
och hela hennes sätt att vara förändrades.

Minns du Maria, den tomma graven,
och glädjen som avspeglades
i mäns och kvinnors ögon.
Din son var uppstånden.
Han besegrade dödens bojor.

Du står i skuggan lite avsides,
Och du minns.

En liten hand,
ett barn som du bar i dina armar,
och kärlekens hjärtan
som växte runt er två.

Du minns,
och nu i en annan värld
är din son uppstånden.
Han står där strålande av ljus.

Du bländas.
Du kan inte se och plötsligt kommer frågan
nedstörtande som ett stjärnfall.

Vem är han?
Din son?
Guds son?

Dina ögon

Maria, dina ögon har sett ljuset.
Maria, dina ögon har skådat lidandet.
Maria, dina ögon förstår.

Livets rikedom

Jag går.
I min famn vilar barnet.

Ögonen är som stjärnor av ljus.
Leendet är som när den första tussilagon
slår ut vid vägkanten.

Jag går under himlens svindlande evighet.
Plötsligt kommer insikten.
Det är livets rikedom jag bär i mina armar.

Jag tror inte...

Jag tror inte på Gud.
Tron svek där i skarven,
mellan smärta och skratt,
mellan längtan och semester.

Barnet dog i min famn,
den enda dagen på året då det inte blåste,
då allt var soligt och vindstilla.

Barnet dog i min famn,
och nu pratar vi inte längre med varandra,
där vi står vid den lilla graven.

Barnet har ett namn som bara vi vet.
Du vill inte ta min hand där vid graven.

Du älskar mig inte längre,
och tron på kärlekens Gud,
slocknade,
där vid vårt barns grav.

I nöd och lust

Handen som torkar bort
tårtsmulorna från munnen.
Handen som rätar till haklappen.
Handen som smeker den fårade kinden.

Kärleken finns där,
som ett skimmer mellan dem,
som blomdoften om våren,
när den stiger upp från markerna.

Kärleken finns där,
i handens rörelser,
i deras blickar.

De har båda levt så länge tillsammans.
Och nu efter hjärnblödningen har så
mycket
förändrats.
Men kärleken finns där mellan dem.
Ibland behövs inga ord,
bara kärlek.

Det levande korset

Det levande korset, det bara är
och man behöver inte alls hålla det kär.

Ett fönster

Ett fönster mot världen
Ett fönster mot Gud
Ett fönster mot himlen
Ett fönster mot ljuset
Ett fönster mot kärleken
Ett fönster mot Gud

Inspirerad av Psaltarpsalm 119
skrev jag

Inspirerad

Herre, visa mig din väg!
Visa mig dina lustgårdar!
Låt mig vila under dina svalkande
händer.

Låt mig få hämta näring
i dina trädgårdar,
när livets vardag nöter bort
glädjen i att följa din väg.

Herre, ge mig det trotsiga livsmodet,
så att kärlekens ballonger
kan flyga upp till din himmel!

Välsignelsen

Må änglarna beskydda dig,
ge dig svalka och ljus,
frihet och mod
när du är i skuggornas dal.

Må änglarna stå bakom dig
när du ska somna in
och må dina drömmar
skimra som himlaljus.

Må änglarna finnas i din värld
var du än befinner dig

Må änglarna välsigna dig,
du, mitt älskade barn.

Innehåll

Bilderna

Bilderna är collage av Kerstin Breitholtz: